Freies Schreiben
Sekundarstufe

Die Vorgangs-beschreibung

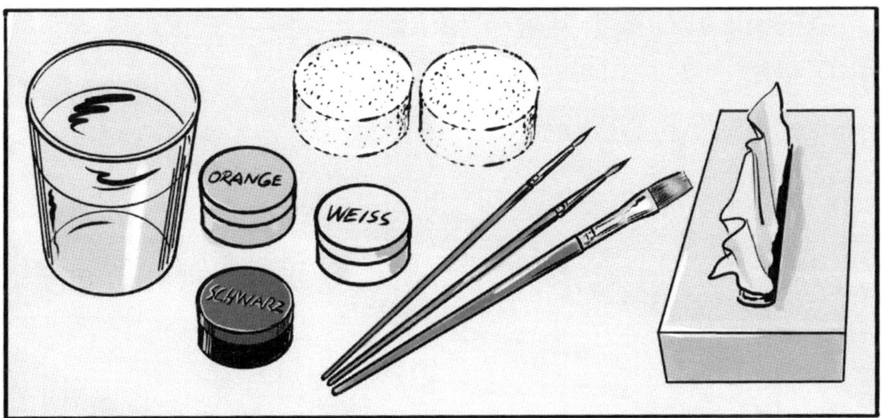

inklusive
☑ Checklisten &
☑ Wegbeschreibung

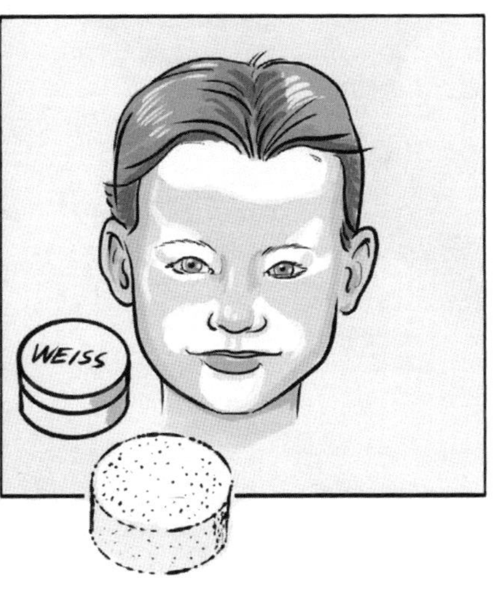

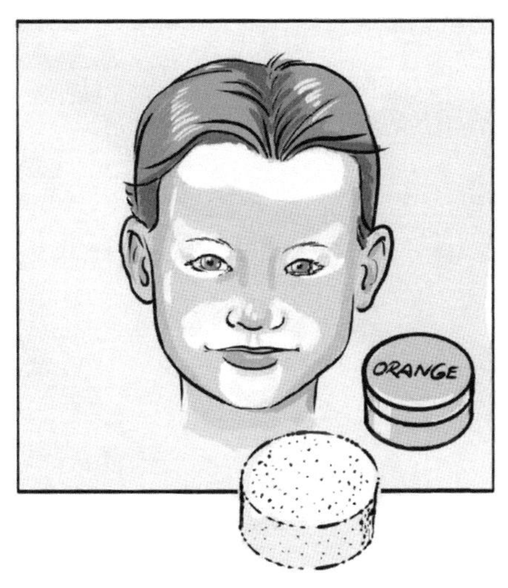

Mit vielen detaillierten Zeichnungen als Schreibanlässe

www.kohlverlag.de

Die Vorgangsbeschreibung

Mit vielen detaillierten Zeichnungen als Schreibanlässe

4. Auflage 2025

Inhalt: Jana Blum
Cover: Scott Krausen
Illustrationen: Scott Krausen
Redaktion: Kohl-Verlag
Grafik & Satz: Tatjana Wörner, Kohl-Verlag
Druck: farbo prepress GmbH, Köln

Bestell-Nr. 12 656

ISBN: 978-3-98558-123-8

Kontakt: Kohl-Verlag, An der Brennerei 37-45, 50170 Kerpen
Tel: +49 2275 331610, Mail: info@kohlverlag.de

Der vorliegende Band ist eine Print-Einzellizenz

Sie wollen unsere Kopiervorlagen auch digital nutzen? Kein Problem – fast das gesamte KOHL-Sortiment ist auch sofort als PDF-Download erhältlich! Wir haben verschiedene Lizenzmodelle zur Auswahl:

	Print-Version	PDF-Einzellizenz	PDF-Schullizenz	Kombipaket Print & PDF-Einzellizenz	Kombipaket Print & PDF-Schullizenz
Unbefristete Nutzung der Materialien	x	x	x	x	x
Vervielfältigung, Weitergabe und Einsatz der Materialien im eigenen Unterricht	x	x	x	x	x
Nutzung der Materialien durch alle Lehrkräfte des Kollegiums an der lizensierten Schule			x		x
Einstellen des Materials im Intranet oder Schulserver der Institution			x		x

Die erweiterten Lizenzmodelle zu diesem Titel sind jederzeit im Online-Shop unter www.kohlverlag.de erhältlich.

Inhalt

Die Vorgangsbeschreibung
Unterrichtseinheiten mit fix & fertigen Stundenbildern – Bestell-Nr. 12 656
KOHL VERLAG

Vorwort

Liebe Kolleginnen und Kollegen,

es fällt vielen Schülerinnen und Schülern schwer einen Vorgang oder einen Ablauf detailreich zu beschreiben. Es fehlt ihnen meist das Auge für das Detail. Eine Vorgangsbeschreibung hat den Vorteil, dass es keine bessere Selbstkontrolle gibt. Wenn man den Vorgang nach der eigenen Beschreibung „nachmacht" und ein Detail vergessen hat, so funktioniert er nicht.

Eine Vorgangsbeschreibung schärft die Vorstellungskraft und den Detailreichtum. Jedes einzelne Arbeitsblatt gilt als Stundenbild, da es den Inhalt einer ganzen Stunde füllt und der Ablauf immer gleich ist.

Auch das Thema „Wegbeschreibung" wollten wir in diesem Werk aufgreifen. Ein Arbeitsblatt führt in die Thematik ein und die fiktiven Wegepläne ermöglichen eine detailreiche Beschreibung.

Jedes Arbeitsblatt ist unten mit einer Niveaustufe (Sterne) versehen. Je mehr Sterne, umso anspruchsvoller ist die Beschreibung.

Die Checklisten ermöglichen eine individuelle Selbstkontrolle und geben Ihnen ein Feedback, da wir dort die Spalte „da habe ich noch Schwierigkeiten" eingeführt haben. So können Sie den individuellen Lernerfolg eines jeden einzelnen Kindes verfolgen und gegebenenfalls fördern.

Wir wünschen Ihnen einen erfolgreichen Einsatz mit unserer Kopiervorlagensammlung.

Ihr Kohl-Verlag und

Jana Blum

Die Vorgangsbeschreibung

Eine Vorgangsbeschreibung ist eine Anleitung, wie man etwas macht. Dabei muss man an alles denken, damit der Ablauf auch gut funktioniert. Damit der Leser, der den Ablauf nach deiner Beschreibung durchführen kann, musst du sehr nachvollziehbar und genau sein. Denn du sitzt ja nicht neben dem Leser, wenn er deine Beschreibung nachmacht. Also noch schnell was nachbenennen, was du vergessen hast, geht nicht.

Eine Vorgangsbeschreibung nutzt man zum Ablauf von:

- Rezepten
- Bastelanleitungen
- Aufbauanleitungen
- Ablaufanleitungen
- Experimenten
- und noch vielem mehr, wo man etwas nachmachen soll.

So schreibst du eine Vorgangsbeschreibung:

- Beginne mit einer **Überschrift**. Diese muss nicht ausgefallen oder fantasievoll sein. Sie muss das wiedergeben, was zu tun ist.

  Beispiel: Einen Fahrradreifen flicken

- Nun beginnt die **Einleitung**. Hier muss benannt werden, was man alles für den nun folgenden Vorgang oder Ablauf braucht.

  Beispiel:
  Du benötigst:

  - Schleifpapier
  - einen Eimer mit Wasser
  - Spezialkleber
  - Flicken

- Als nächstes formulierst du den **Hauptteil**. Jetzt musst du jeden Schritt, so genau, wie nur möglich erklären. Die Erklärung muss so genau sein, dass keine Schritte vertauscht, vergessen oder übersehen werden können. Rückfragen dürfen nicht möglich sein. Es muss mit Garantie klappen.

  Beispiel:
  Du nimmst den Fahrradschlauch und umfasst ihn mit der linken Hand. Lasse nun von der linken Hand gut 10 cm Platz und platziere dort die rechte Hand. Das Stück, was nun zwischen deinen Händen liegt, drückst du in den Wassereimer. Wenn Bläschen aufsteigen, so befindet sich an dieser Stelle das Loch im Fahrradschlauch. Wenn keine Bläschen aufsteigen, so befindet sich das Loch an einer anderen Stelle. Rutsche nun mit den Händen wieder ein Stück weiter den Schlauch entlang und halte das erneute Stück Schlauch, was zwischen den Händen liegt, unter Wasser. Das machst du so lange, bis an einer Stelle Luftbläschen aufsteigen und du das zu reparierende Loch gefunden hast.

Die Vorgangsbeschreibung
Unterrichtseinheiten mit fix & fertigen Stundenbildern – Bestell-Nr. 12 656

Die Vorgangsbeschreibung

Als nächstes ...

- Hast du den Vorgang ganz genau beschrieben, dann formuliere einen **Schluss**. Hier kannst du den Lesern noch Tipps oder Ratschläge geben.

  Beispiel:
  Es wäre ratsam, den Fahrradreifen immer wieder mal aufzupumpen und zu kontrollieren, ob er Luft verliert.

MERKE!

So gestaltest du die Vorgangsbeschreibung

- Jede Vorgangsbeschreibung formuliert man im **Präsens**.

- Wähle eine gute **Anredeform** (Du-Form, Sie-Form, Man-Form, Imperativ [Befehlsform])

  Beispiel:
  Du nimmst den Becher zur Hand. (Du-Form)
  Nehmen Sie den Becher zur Hand. (Sie-Form)
  Man nehme den Becher und ... (Man-Form)
  Nimm den Becher und ... (Imperativ [Befehlsform])

- Du musst die Sätze **abwechslungsreich** miteinander verbinden. Das heißt, dass nicht jeder Satz gleich anfangen darf oder langweilig wirkt. Die Satzanfänge sollten demnach andere sein.

- Verwende **Adjektive**, **treffende Verben**, aber auch **Fachbegriffe**.

  Beispiel:
  Nimm die spitzen Stangen (→ Adjektive)
  Das Schleifpapier sollte bereitliegen. (→ Fachbegriffe)

- Du musst die **Reihenfolge** genau **einhalten**. Damit man das besser nachmachen kann, solltest du **Absätze** verwenden (eine Reihe frei lassen), wenn ein Schritt abgeschlossen ist.

KOHL VERLAG Die Vorgangsbeschreibung
Unterrichtseinheiten mit fix & fertigen Stundenbildern ■ Bestell-Nr. 12 656

Das Notizblatt

Damit es dir leichter fällt eine Vorgangsbeschreibung zu formulieren, kannst du dieses Notizblatt verwenden.

Schaue dir die Bilder genau an und notiere in jedem Abschnitt was du ganz genau auf den Bildern siehst. Du darfst auch kurze Stichwort oder Stichwortsätze formulieren.

Manchmal sind weniger Bilder vorhanden, als hier Kästchen vorgedruckt. In diesem Fall füllst du nur so viele Kästchen aus, wie auch Bilder vorhanden sind.

Überschrift: ____

Du benötigst:	
Bild 1	
Bild 2	
Bild 3	
Bild 4	
Bild 5	
Bild 6	
Bild 7	
Bild 8	

Die Vorgangsbeschreibung
Unterrichtseinheiten mit fix & fertigen Stundenbildern – Bestell-Nr. 12 656
KOHL VERLAG

Checkliste „Vorgangsbeschreibung“

Anforderung	**ja**	**nein**	**da brauche ich noch Hilfe**
Du hast eine passende **Überschrift** gewählt.			
In der **Einleitung** hast du benannt, was man benötigt.			
Nimm nun so viele verschiedene Farben, wie Bilder auf dem Arbeitsblatt sind, zur Hand. Jedes Bild bekommt eine Farbe. Kreuze nun die folgende Anforderung an, ob du das auch für das jeweilige Bild umgesetzt hast:			
Im **Hauptteil** muss man nun deiner genauen Anleitung folgenden können. Du hast genau beschrieben, was auf dem Bild getan wird, indem du beschrieben hast: • Was gemacht wird. • Wie es gemacht wird. • Warum es gemacht wird.			
Zum **Schluss** hast du dem Leser noch einen Tipp oder einen Ratschlag mitgegeben. Du kannst ihm oder ihr auch viel Erfolg bei der Durchführung wünschen.			

Sprachliche Gestaltung

Anforderung	**ja**	**nein**	**da brauche ich noch Hilfe**
Deine Vorgangsbeschreibung wurde im **Präsens** verfasst.			
Es wurde eine gute **Anredeform** gewählt (Du-Form, Sie-Form, Man-Form, Imperativ)			
Die Sätze wurden **abwechslungsreich** miteinander verbunden und wirken nicht langweilig.			
Du verwendest **anschauliche Adjektive**, **treffende Verben** und **Fachbegriffe**.			
Die **Reihenfolge** wurde nicht vertauscht.			
Nach jedem Anleitungsschritt machst du einen **Absatz**.			

KOHL VERLAG Die Vorgangsbeschreibung
Unterrichtseinheiten mit fix & fertigen Stundenbildern – Bestell-Nr. 12 656

Welche Farben verbergen sich in einem Filzstift?

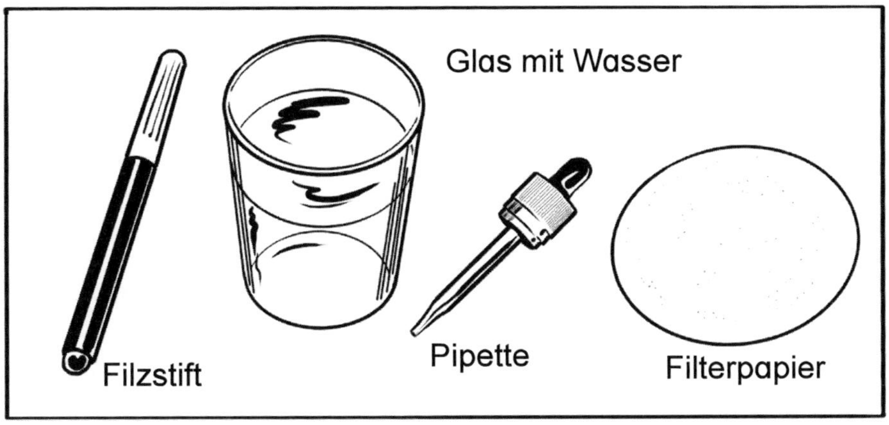

Glas mit Wasser

Filzstift

Pipette

Filterpapier

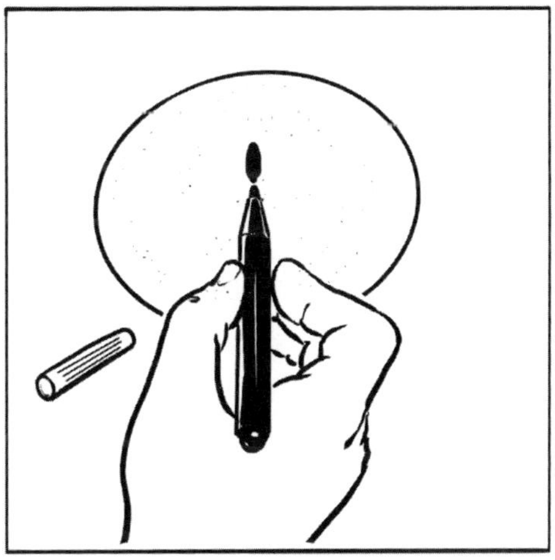

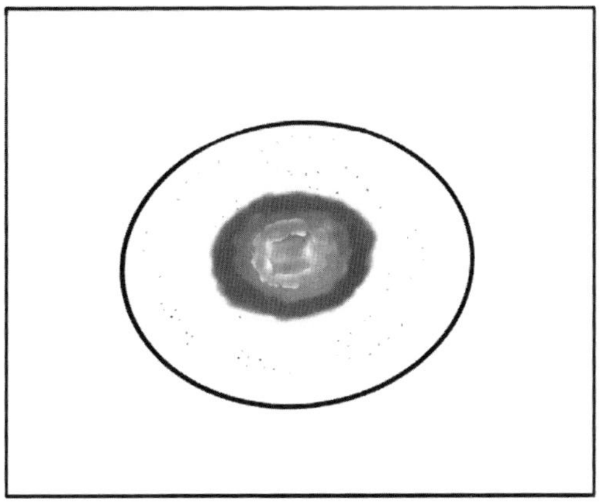

Die Vorgangsbeschreibung
Unterrichtseinheiten mit fix & fertigen Stundenbildern – Bestell-Nr. 12 656
KOHL VERLAG

It‘s magic: Eine Münze verschwindet (Seite 1/2)

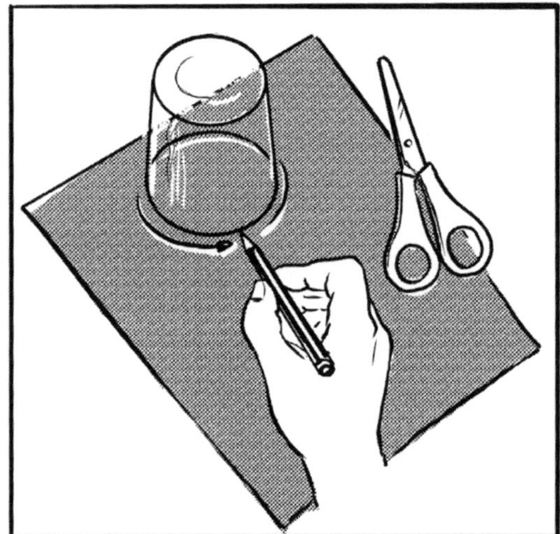

KOHL VERLAG Die Vorgangsbeschreibung
Unterrichtseinheiten mit fix & fertigen Stundenbildern – Bestell-Nr. 12 656

It's magic: Eine Münze verschwindet (Seite 2/2)

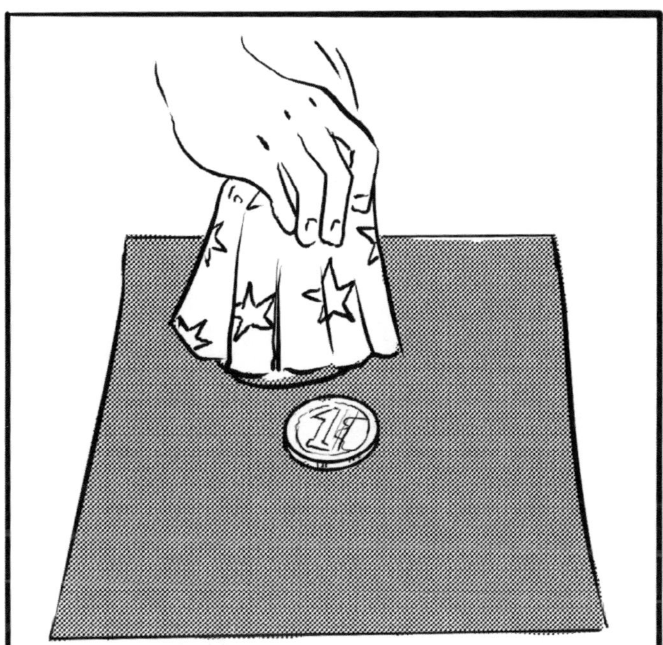

Die Vorgangsbeschreibung
Unterrichtseinheiten mit fix & fertigen Stundenbildern – Bestell-Nr. 12 656
KOHL VERLAG

So wirst du zum Tiger

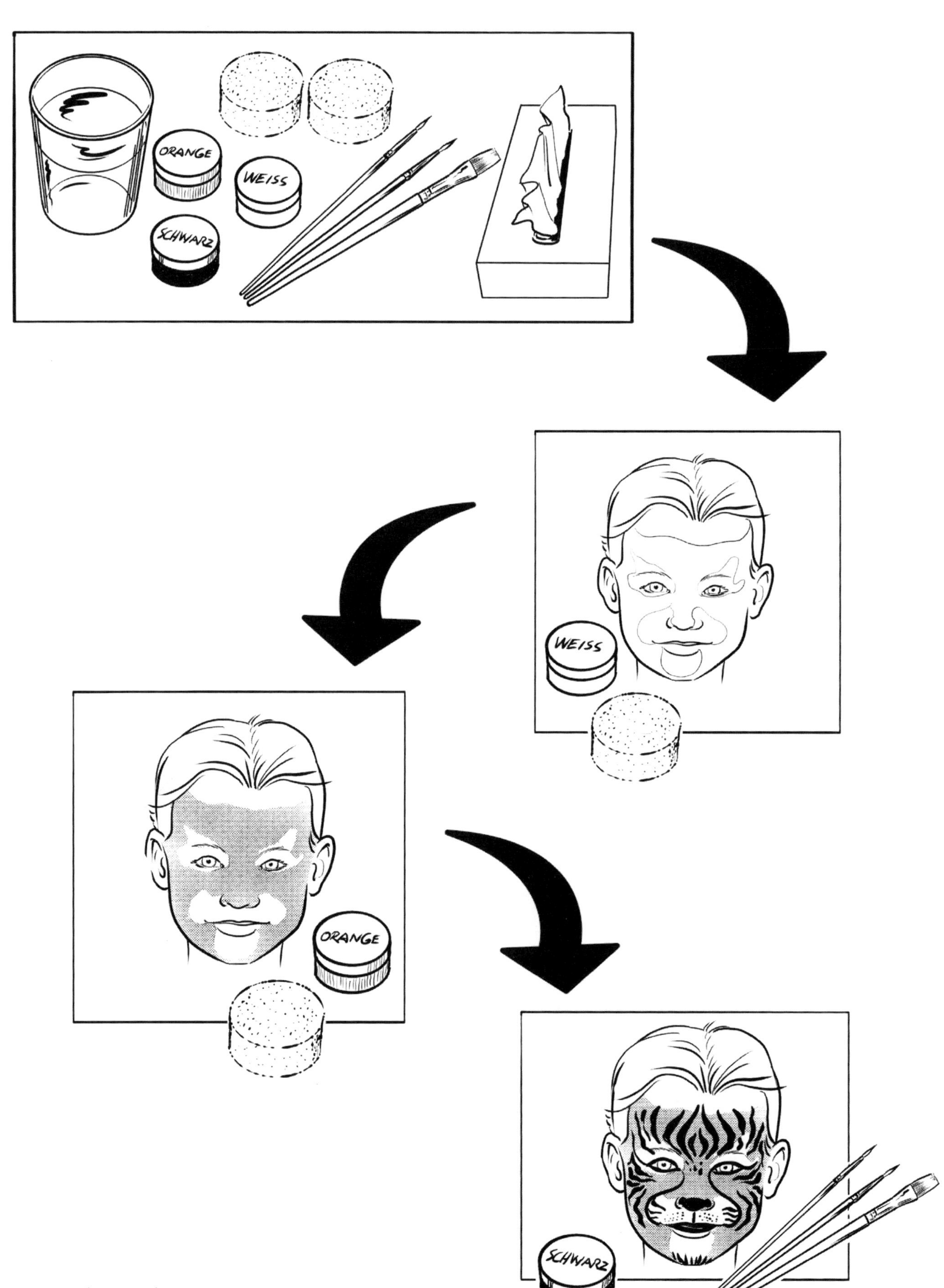

★★

Der Luftballon in der Flasche

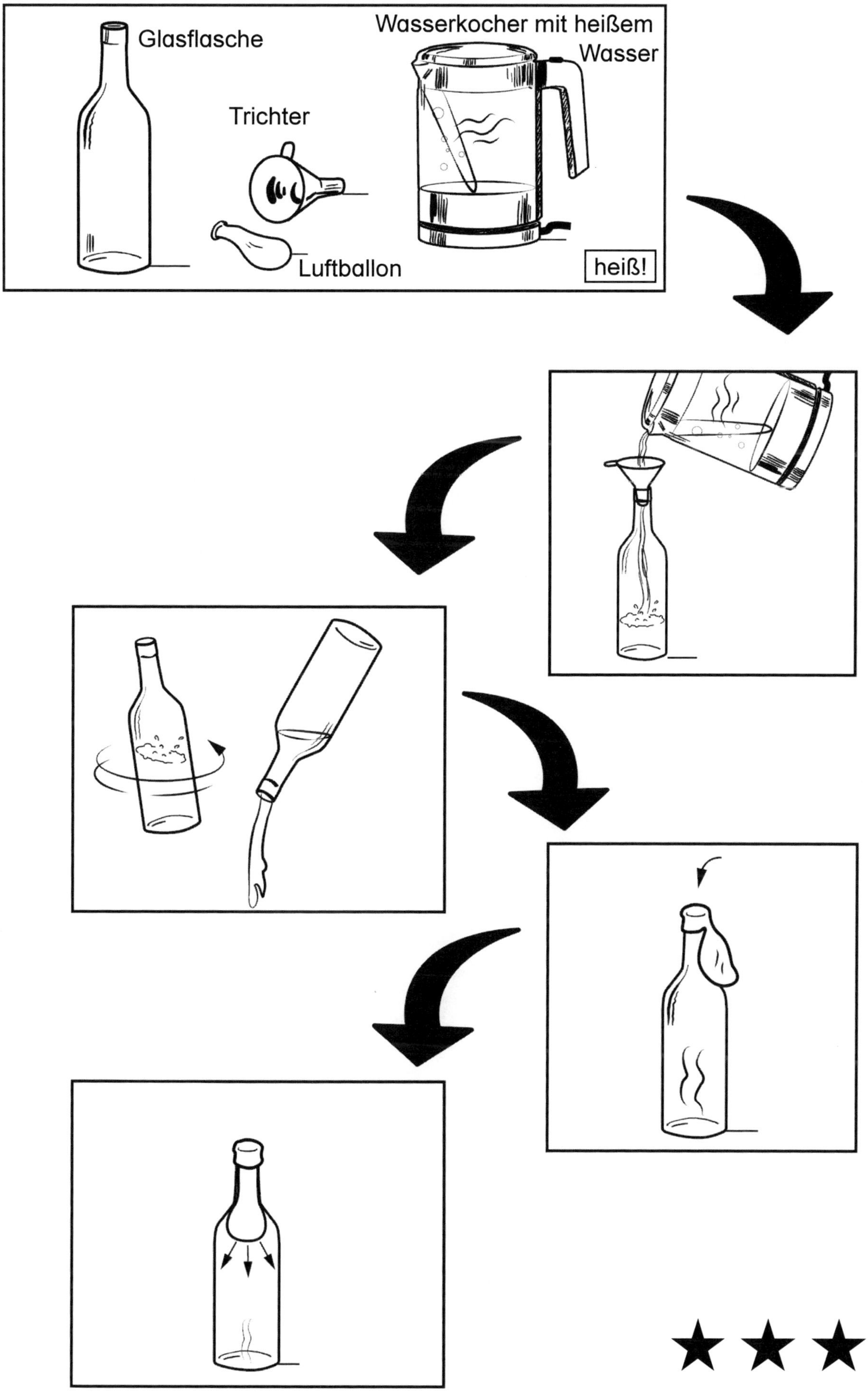

Glasflasche

Wasserkocher mit heißem Wasser

Trichter

Luftballon

heiß!

★★★

Das Turbo-Boot in der Glasschale

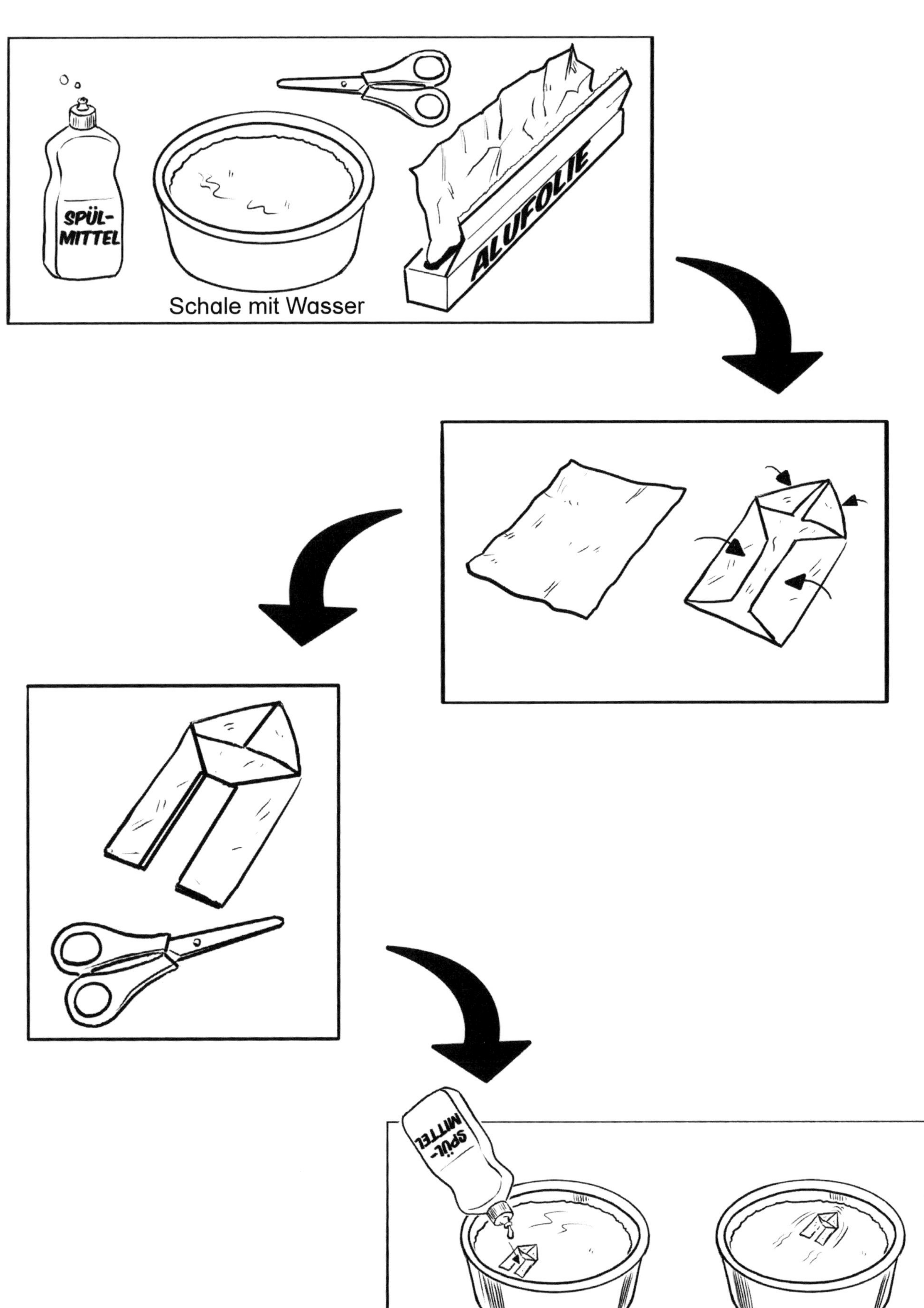

★★

KOHL VERLAG
Die Vorgangsbeschreibung
Unterrichtseinheiten mit fix & fertigen Stundenbildern – Bestell-Nr. 12 656

Ein Nistkasten für den Garten

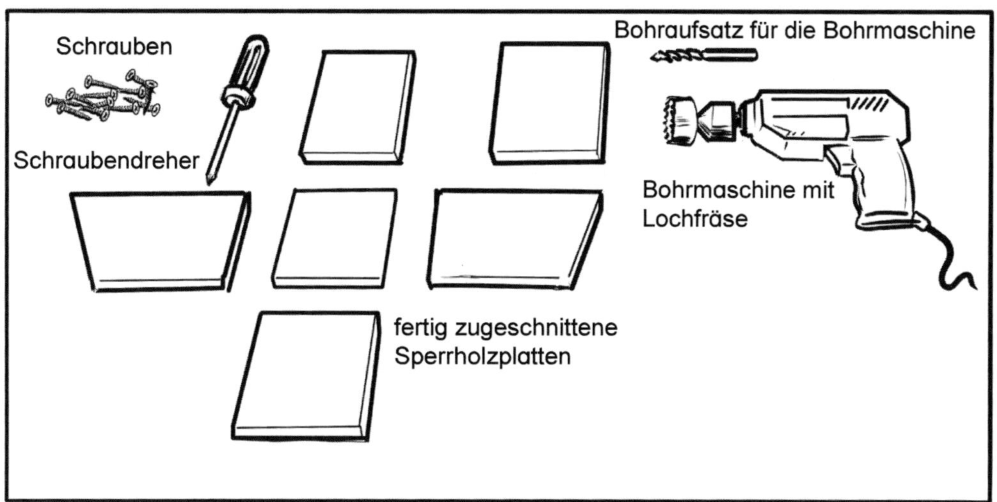

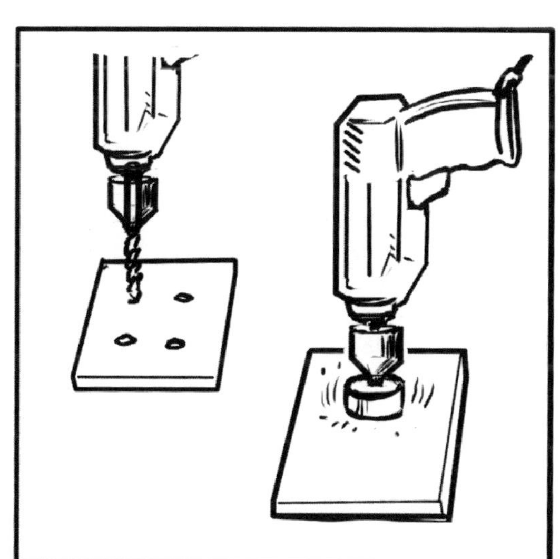

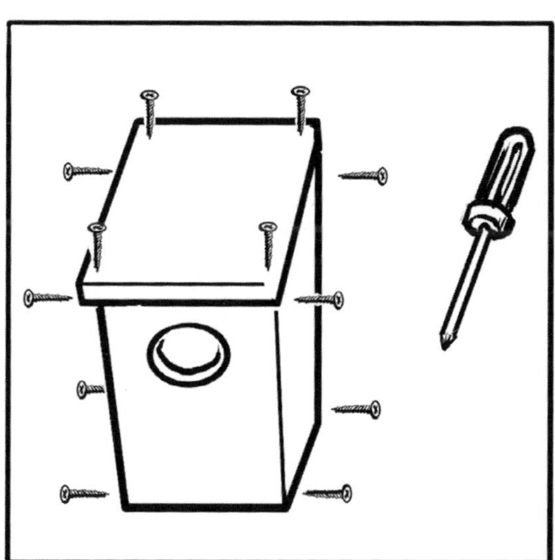

Einen Sonnenschirm aufbauen

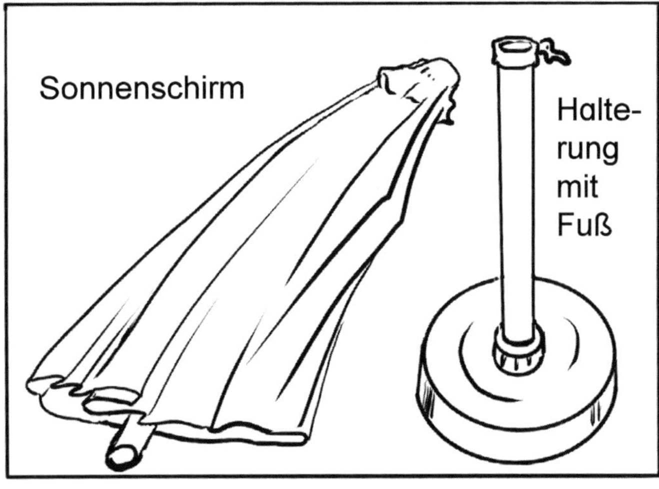

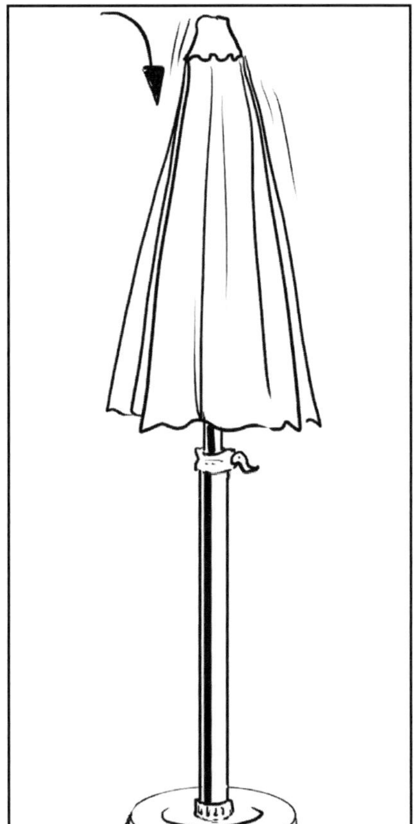

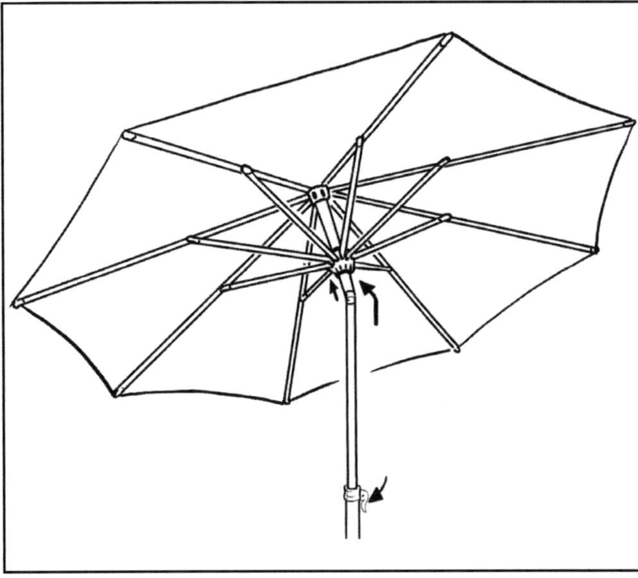

KOHL VERLAG
Die Vorgangsbeschreibung
Unterrichtseinheiten mit fix & fertigen Stundenbildern – Bestell-Nr. 12 656

Eine Katze falten

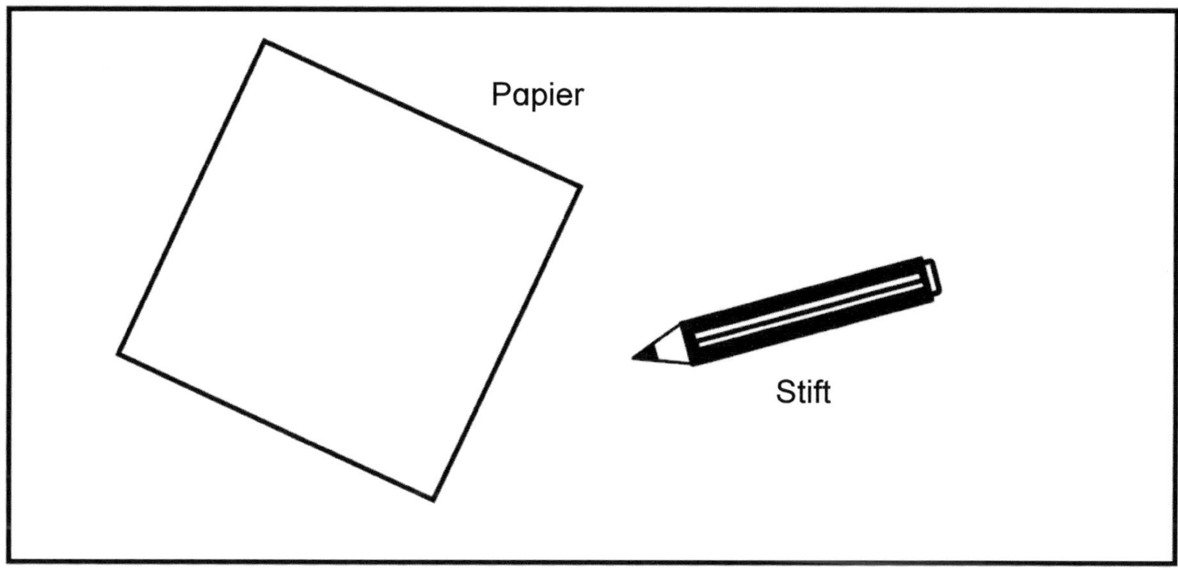

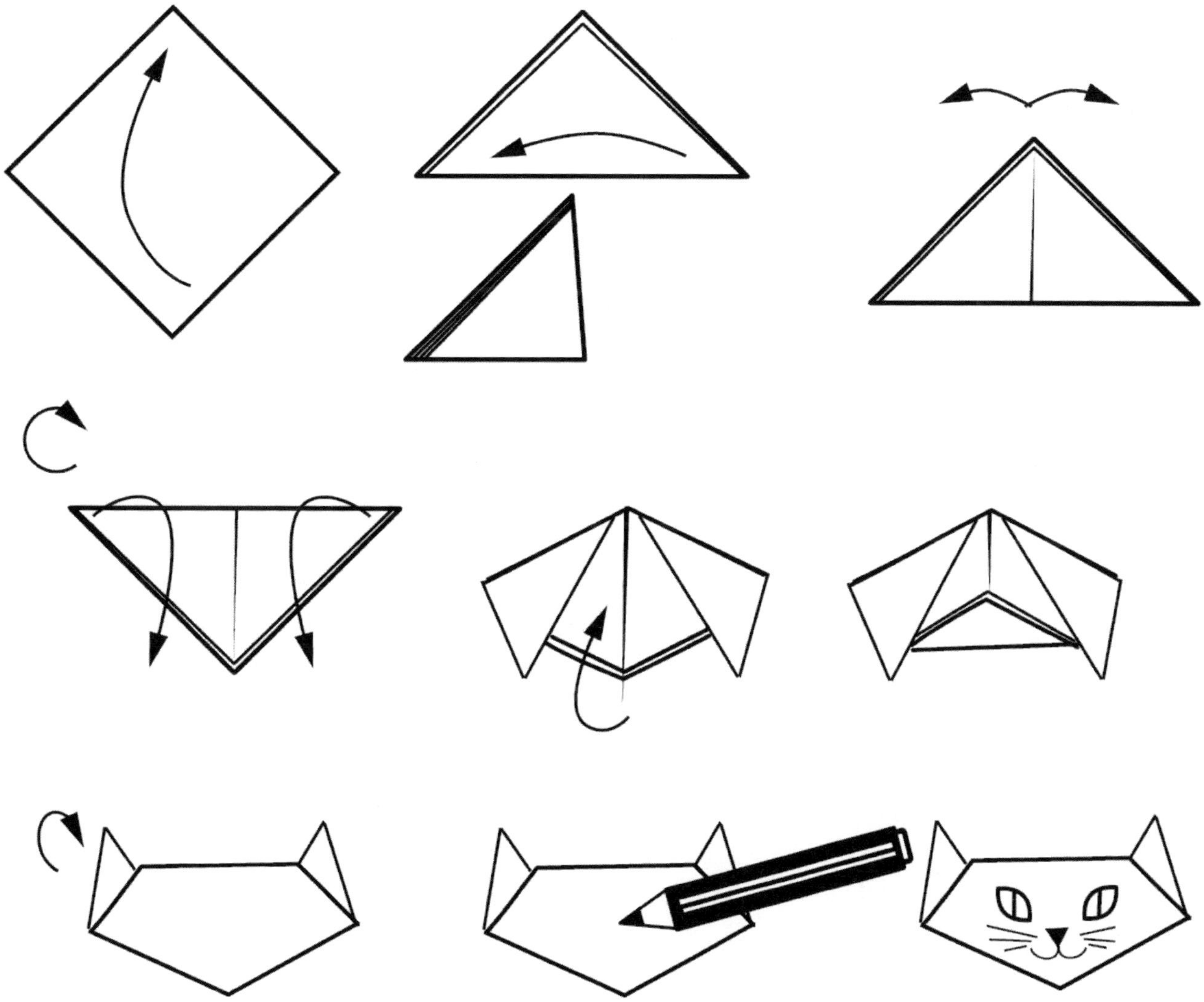

KOHL VERLAG
Die Vorgangsbeschreibung
Unterrichtseinheiten mit fix & fertigen Stundenbildern – Bestell-Nr. 12 656

Ahoi! – Ein Papierboot falten

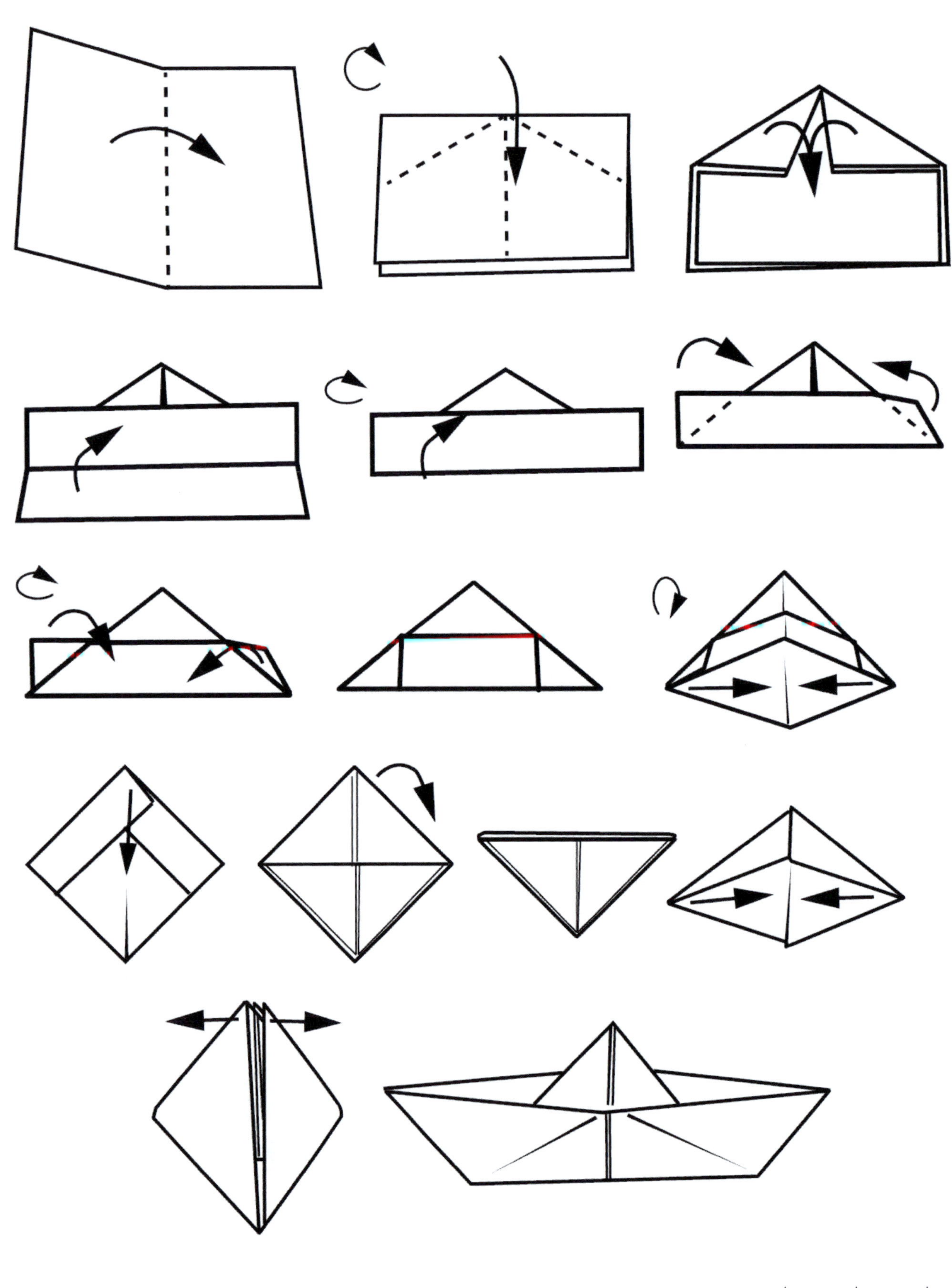

★★★

KOHL VERLAG Lernen mit Erfolg
Die Vorgangsbeschreibung
Unterrichtseinheiten mit fix & fertigen Stundenbildern – Bestell-Nr. 12 656

Quark selber herstellen

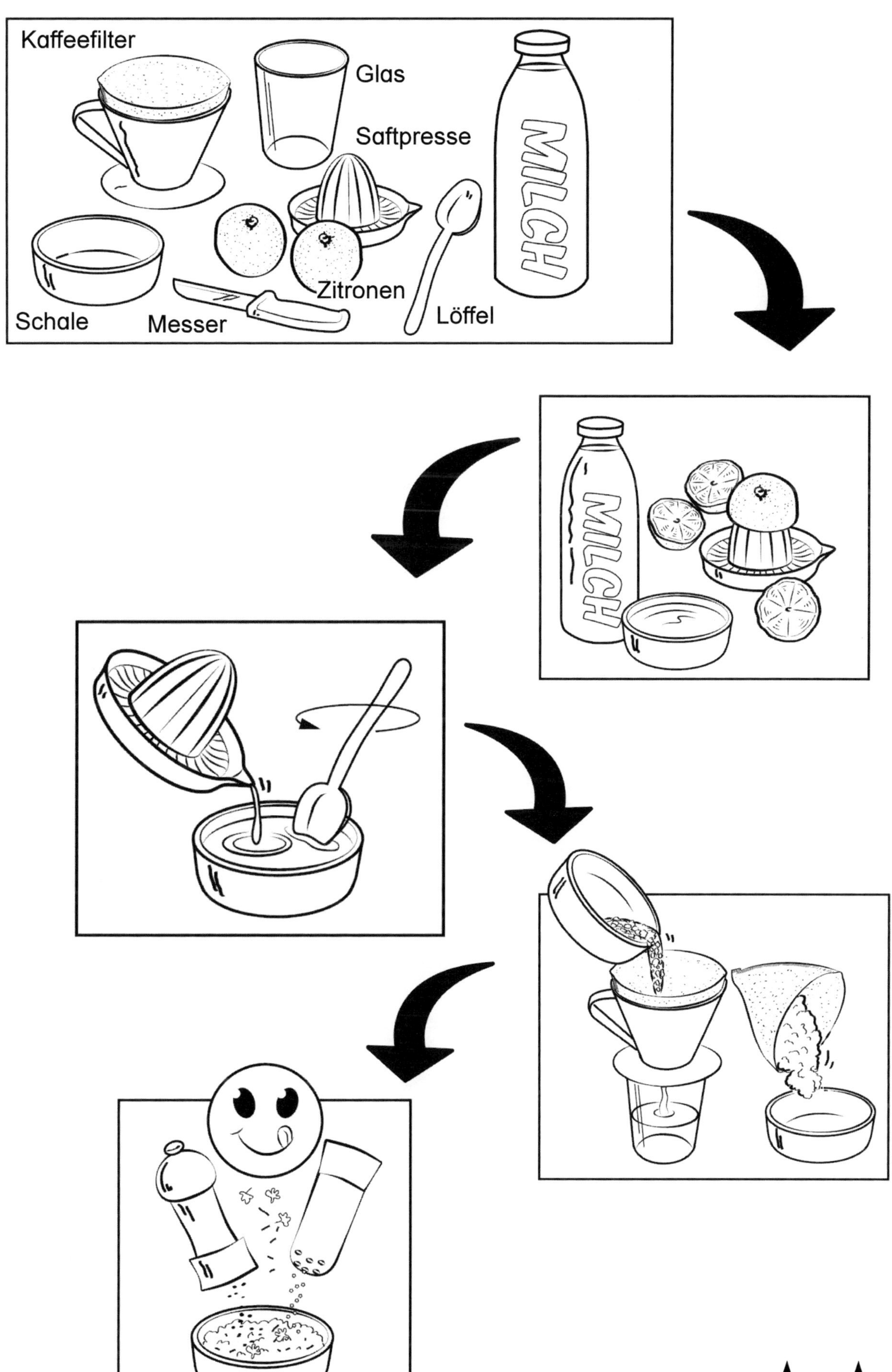

★★

Ein Baguette belegen

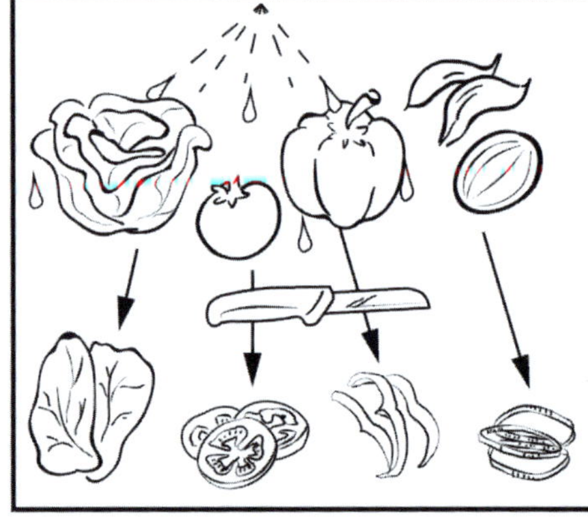

Die Vorgangsbeschreibung
Unterrichtseinheiten mit fix & fertigen Stundenbildern – Bestell-Nr. 12 656
KOHL VERLAG

Spaghetti kochen

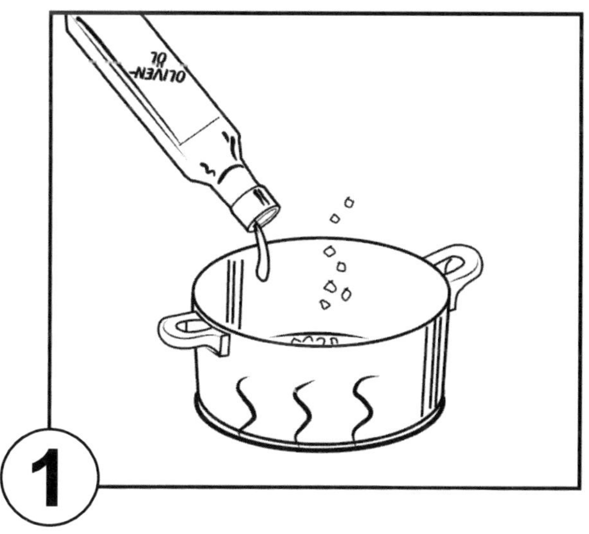

KOHL VERLAG Die Vorgangsbeschreibung Unterrichtseinheiten mit fix & fertigen Stundenbildern – Bestell-Nr. 12 656

Einen Schneemann bauen

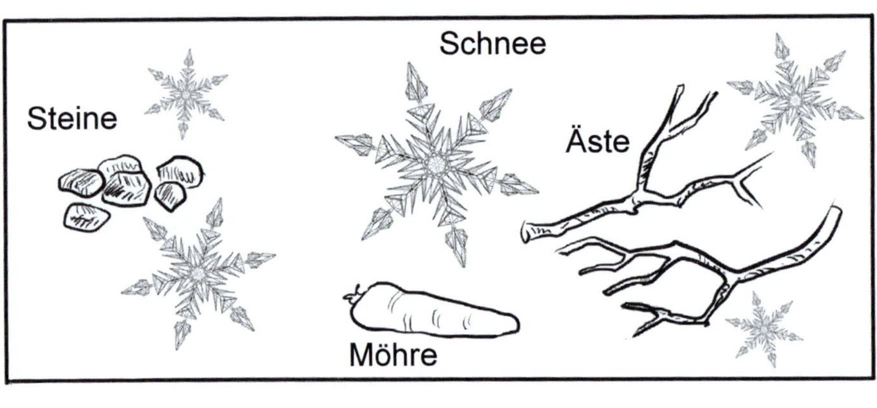

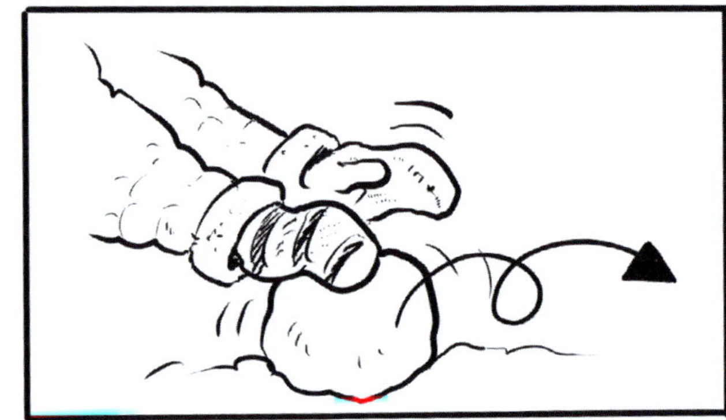

Die Vorgangsbeschreibung
Unterrichtseinheiten mit fix & fertigen Stundenbildern – Bestell-Nr. 12 656
KOHL VERLAG

Serviette falten II

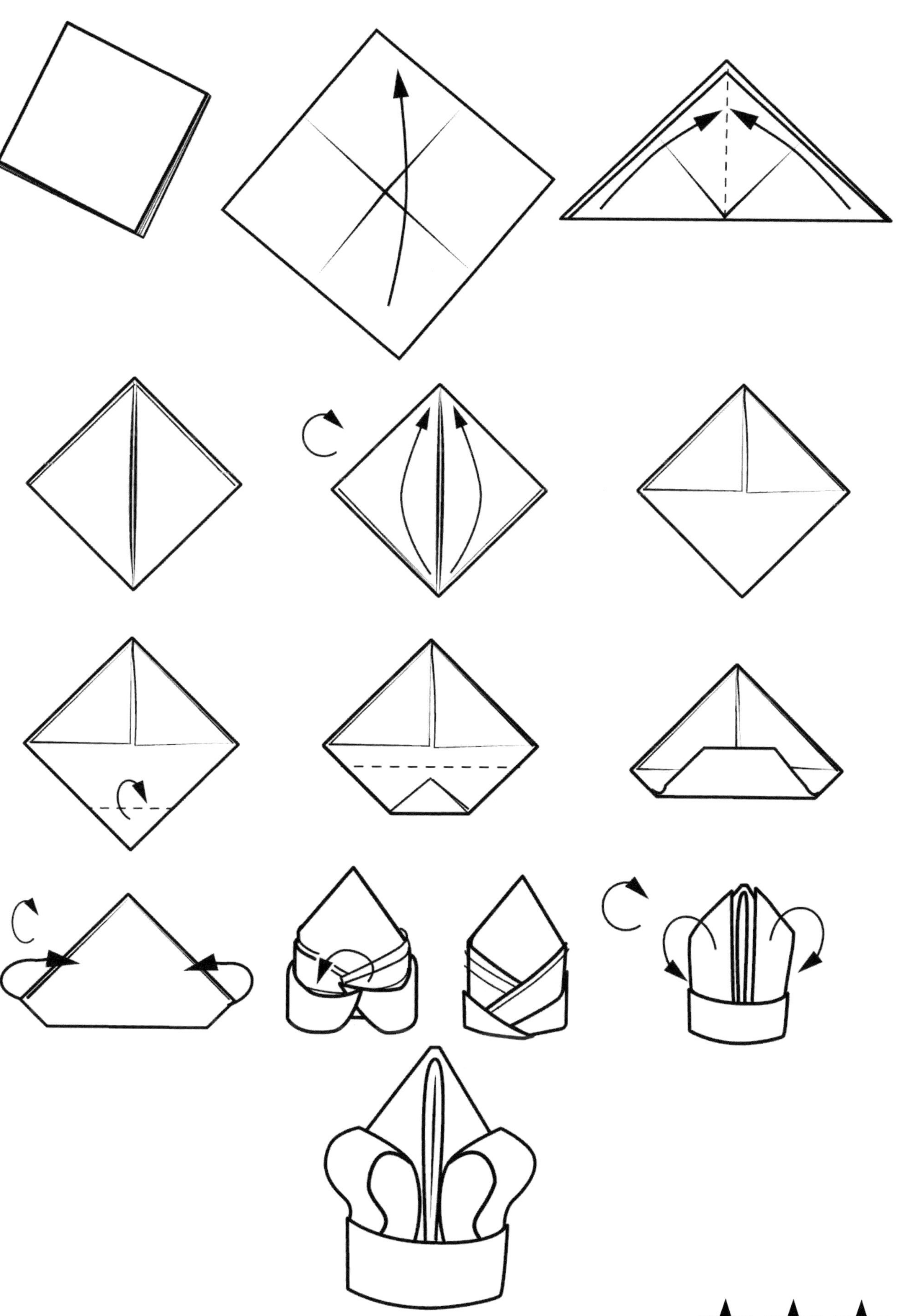

★★★

Die Vorgangsbeschreibung
Unterrichtseinheiten mit fix & fertigen Stundenbildern – Bestell-Nr. 12 656
KOHL VERLAG

Happy Halloween: Einen Kürbis schnitzen (Seite 1/2)

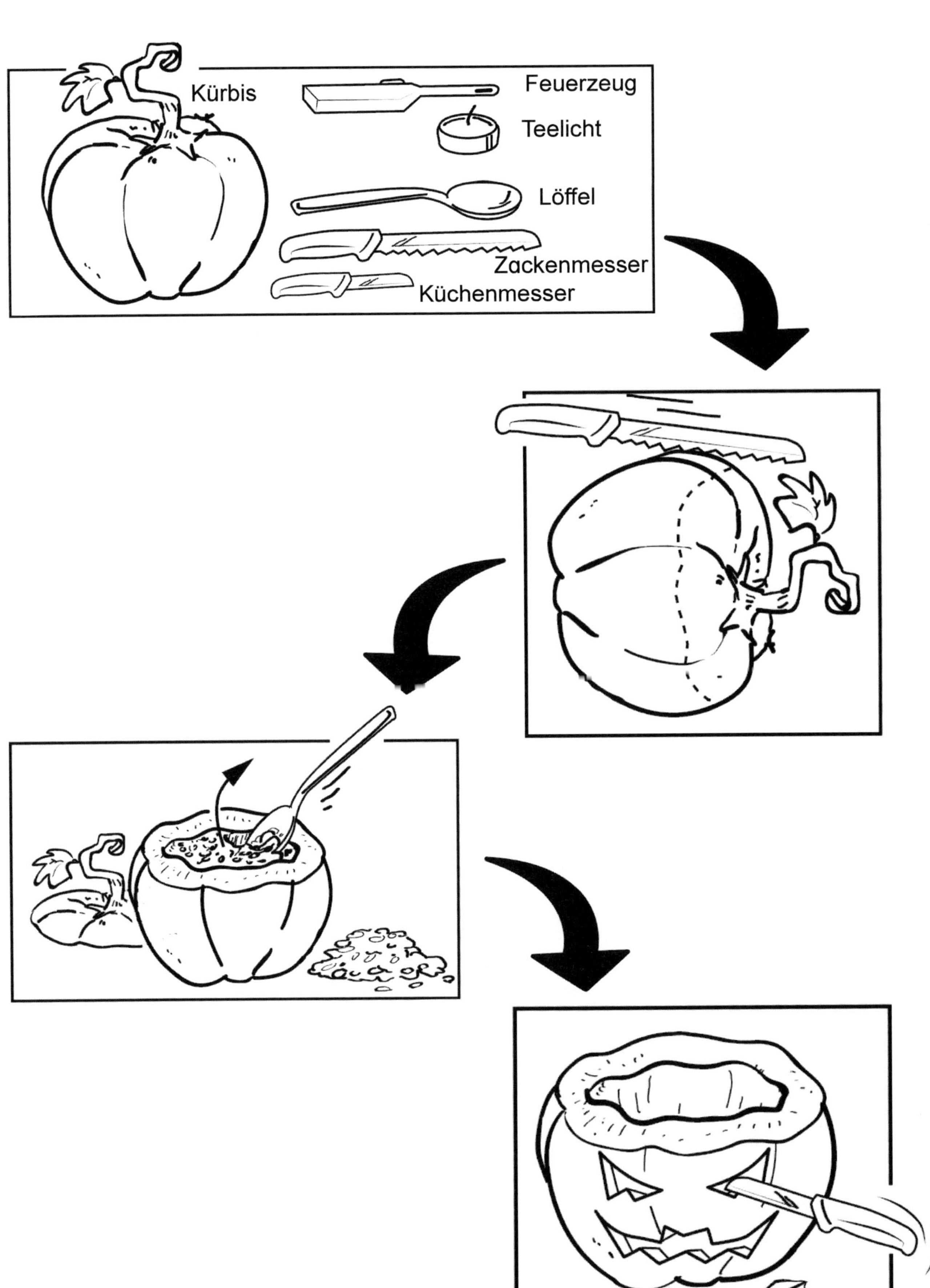

Happy Halloween: Einen Kürbis schnitzen (Seite 2/2)

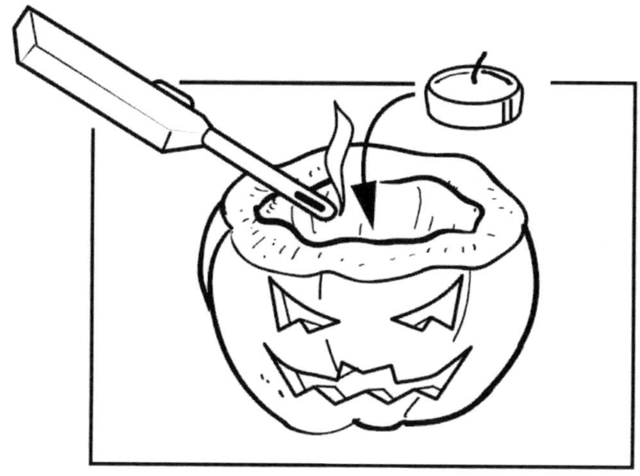

Einen Osterhasen basteln

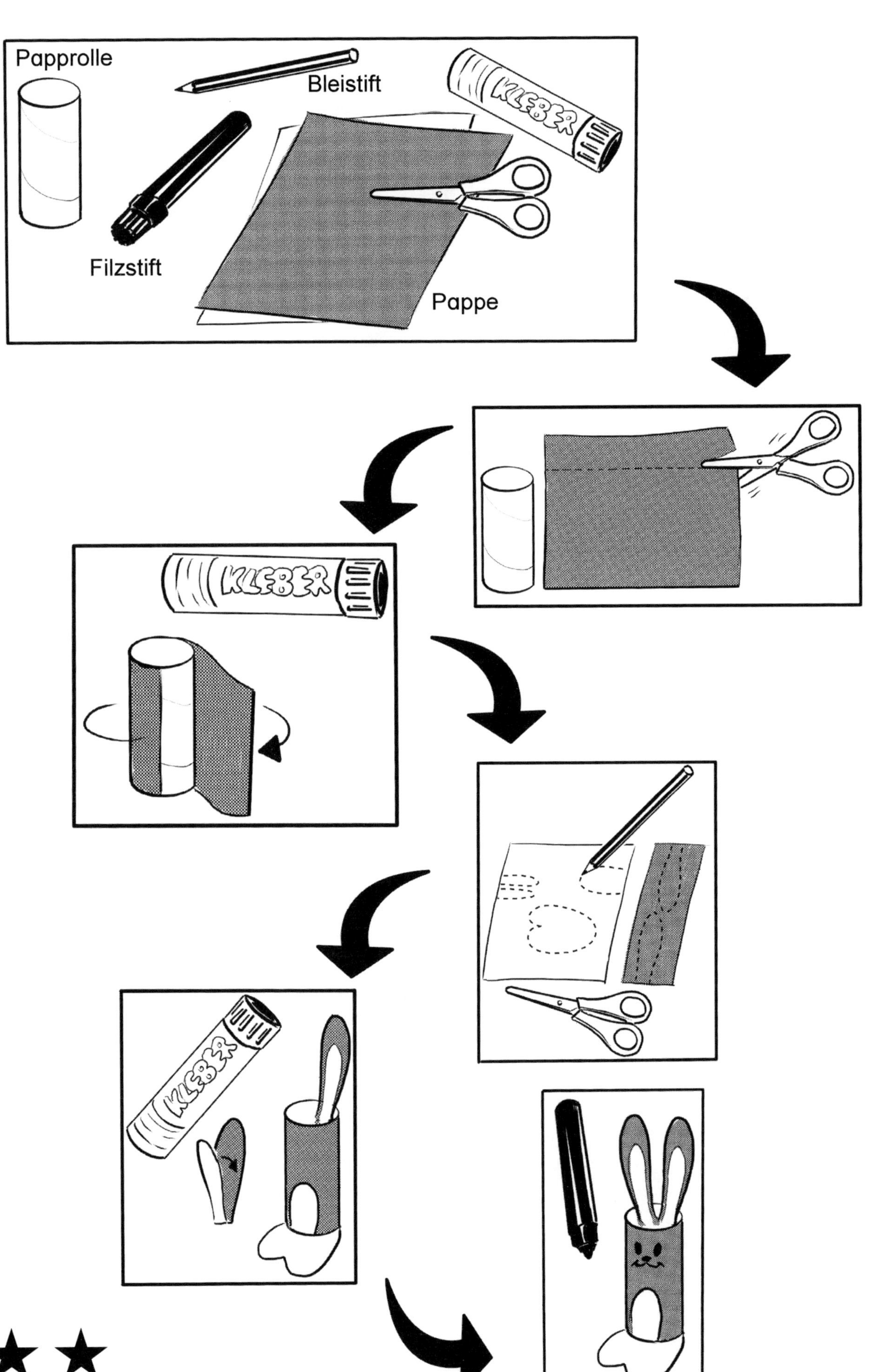

★★

Die Vorgangsbeschreibung
Unterrichtseinheiten mit fix & fertigen Stundenbildern – Bestell-Nr. 12 656
KOHL VERLAG

Einen Anhänger aus Salzteig basteln

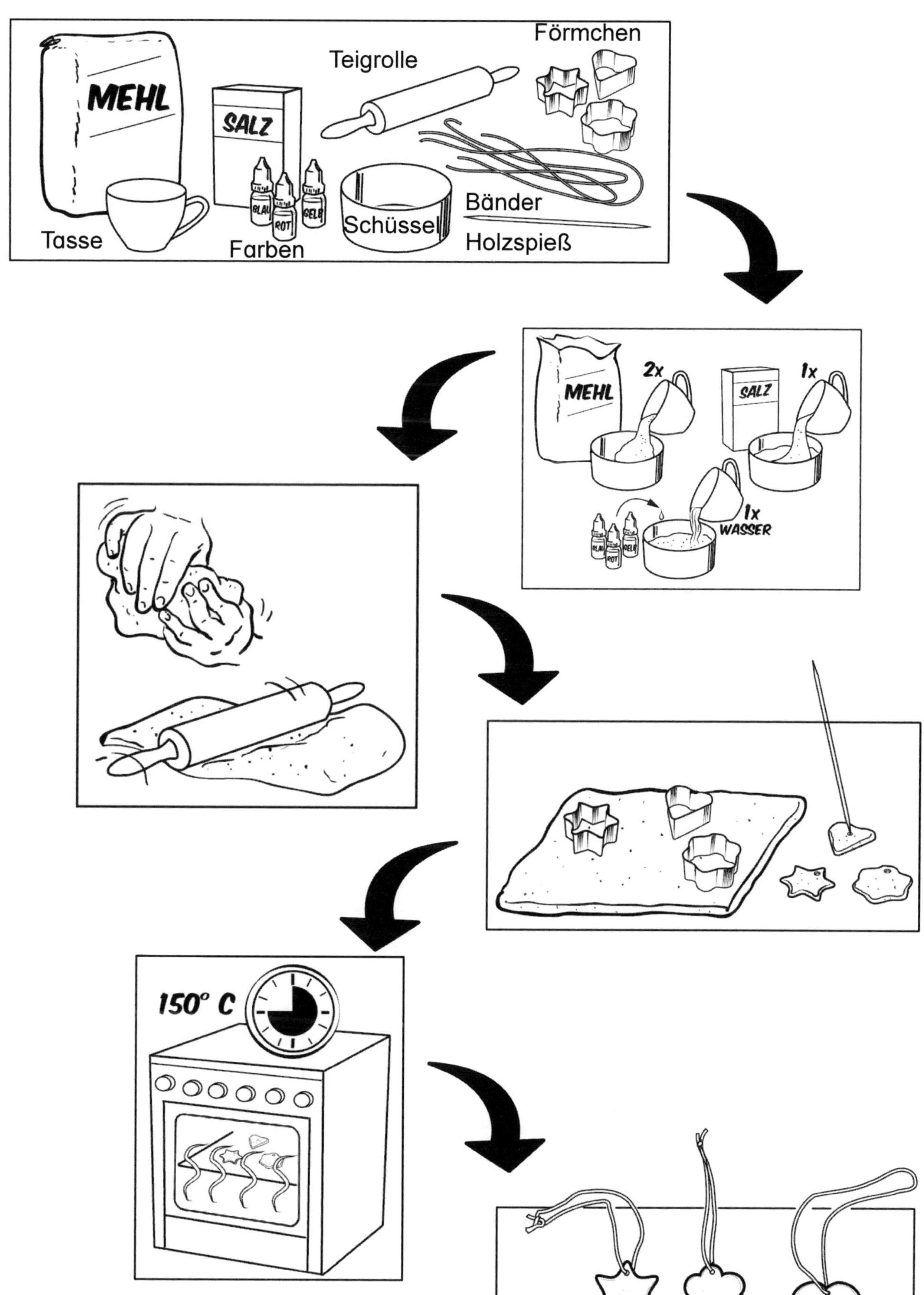

★★

Die Vorgangsbeschreibung
Unterrichtseinheiten mit fix & fertigen Stundenbildern – Bestell-Nr. 12 656
KOHL VERLAG

Einen Traumfänger basteln

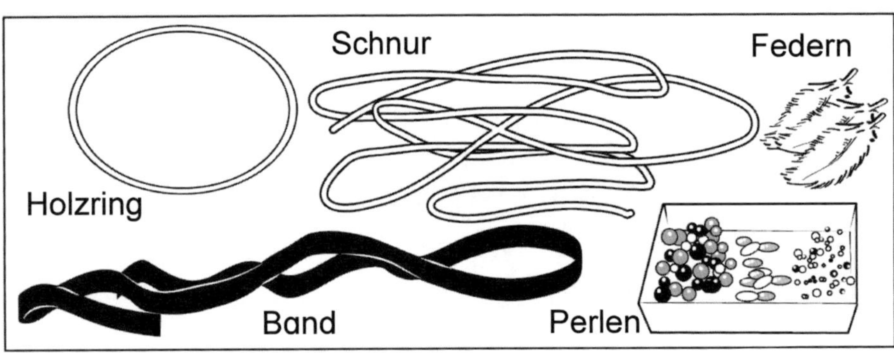

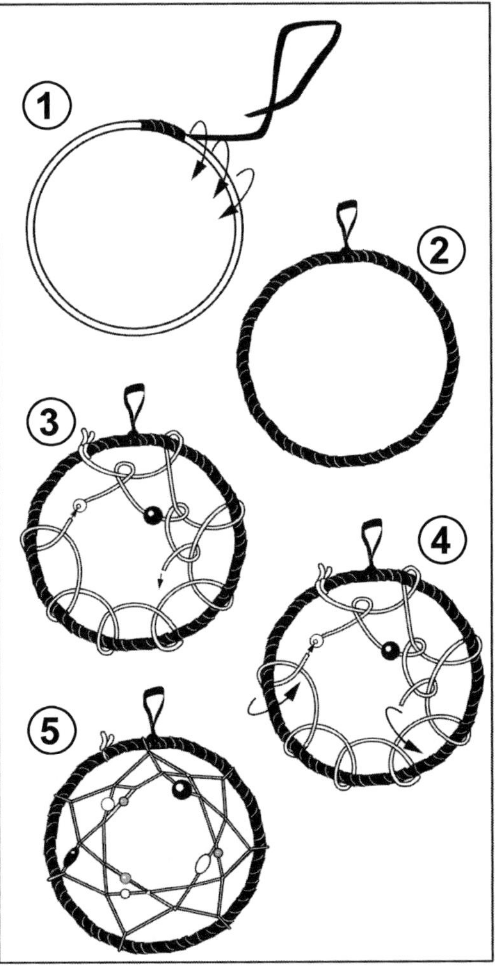

Die Vorgangsbeschreibung
Unterrichtseinheiten mit fix & fertigen Stundenbildern – Bestell-Nr. 12 656
KOHL VERLAG

2 Die Wegbeschreibung

Stell dir einmal vor, dass dein Handy ausgefallen ist und du mitten in einer fremden Stadt stehst und eine ganz bestimmte Örtlichkeit suchst. Automatisch sprichst du jemanden an und fragst, wie du zu deinem Ziel kommst. Wie sollte man es dir erklären, damit du den Weg gut finden kannst?

Es sollte kurz und leicht verständlich sein, damit du dir den Weg auch merken kannst. Und so ist es auch bei unserer Wegbeschreibung im Fach Deutsch. Und wie das funktioniert erklären wir dir nun.

Die Vorbereitung

- Schau dir zuerst einmal den Plan an. Markiere dir den **Startpunkt** und den **Endpunkt**, am besten mit einem roten Stift.
- Nimm nun einen Bleistift und zeichne dir die Strecke ein. ***Nimm nicht den kürzesten Weg, sondern den Weg, den man sich am besten merken kann.***
- Nimm einen anderen farbigen Stift zur Hand und markiere **Gebäude**, **Ampeln** oder andere **markante Punkte**.

Die Ausformulierung:

- Nenne zuerst den **Startpunkt**.

  Beispiel: *Starte vor dem bunten Haus in der Bernd-Graf-Straße und gehe in Richtung Bahnhof.*

- Formuliere nun den Weg aus, den du dir mit Bleistift in deinem Plan markiert hast. Dabei solltest du auch benennen, wo sich was auf dem Weg befindet.

Dazu einige Beispiele:

Folge nun der Bernd-Graf-Straße bis zur nächsten Kreuzung. Biege dann links in den Blumenweg ein.

Gehe geradeaus die Bernd-Graf-Straße hinunter, bis zum bunten Haus. Wechsel dann die Straßenseite von links nach rechts und du stehst vor der Tankstelle. Nimm den kleinen Weg links neben der Tankstelle bis zur nächsten Ampel.

Bleib weiter auf der rechten Straßenseite bis zum Kreisverkehr. Überquere den Zebrastreifen auf die linke Straßenseite. Nun stehst du vor dem Schwimmbad. Biege dann links ab in die Lange Straße.

- Beende deine Wegbeschreibung, indem du formulierst, dass man nun am Ziel angekommen ist.

  Beispiel:

  Am Ende der Kolpingstraße befindet sich der Kindergarten auf der rechten Seite. Dann bist du am Ziel angekommen.

Die Vorgangsbeschreibung
Unterrichtseinheiten mit fix & fertigen Stundenbildern – Bestell-Nr. 12 656

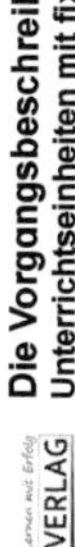

Die Wegbeschreibung

MERKE!

So muss die Wegbeschreibung formuliert sein

- Die Ausformulierung erfolgt immer im **Präsens**.
- Die Form, in der eine Wegbeschreibung ausformuliert wird, muss immer **sachlich** sein. Du solltest also auf Spannungswörter verzichten.
- Die Anredeform kann die **Du-Form**, die **Sie-Form**, die **Man-Form** oder aber der **Imperativ (Befehlsform)** sein.

  Wichtig: Du musst dich für eine Anredeform entscheiden und darfst nicht zwischen ihnen hin- und herwechseln.

  Beispiele:

  Du folgst der Lange Straße bis zur Ampel. (Du-Form)

  Sie folgen der Lange Straße bis zur Ampel. (Sie-Form)

  Man folgt der Lange Straße bis zur Ampel. (Man-Form)

  Folge der Lange Straße bis zur Ampel. (Imperativ [Befehlsform])

- Nutze **Präpositionen**, wie: *gegenüber, neben, links, über, unter, entlang, geradeaus*

Hat alles geklappt?

Wenn du deine Wegbeschreibung beendet hast, so nimm dir nochmals den Wegeplan zur Hand. Tippe mit einem Finger auf den Startpunkt. Nun lies deine Wegbeschreibung Schritt für Schritt durch und verfolge den Weg mit dem Finger auf dem Plan. Hast du etwas vergessen, so fällt es dir jetzt auf und du kannst dies in deiner Wegbeschreibung ergänzen.

Idee zur Überprüfung:

Lies deiner Sitznachbarin oder deinem Sitznachbarn leise deine Wegbeschreibung vor und er verfolgt den Weg mit dem Finger auf dem Plan.

Auch kann einer vorlesen und die ganze Klasse verfolgt den Weg mit dem Finger auf dem Plan. Sind alle am Ziel angekommen? Wenn nicht, fragt nach, wo sie den Weg verloren haben. Da könntest du nochmal etwas nacharbeiten.

Die Vorgangsbeschreibung
Unterrichtseinheiten mit fix & fertigen Stundenbildern – Bestell-Nr. 12 656
KOHL VERLAG

Checkliste „Wegbeschreibung“

Anforderung	**ja**	**nein**	**da brauche ich noch Hilfe**
Du hast den **Startpunkt** benannt.			
Du hast am Startpunkt gesagt, in welche **Richtung** man startet.			
Du nennst **Straßennamen** in deiner Wegbeschreibung.			
Du hast daran gedacht, dass du angibst, auf welcher **Straßenseite** man sich befindet und ob man die Straßenseite wechseln muss.			
Du nennst **markante Orte oder Gebäude**, an die man sich erinnern kann.			
In deinem **Schlusssatz** erwähnst du, dass man am Ziel angekommen ist.			

Sprachliche Gestaltung

Anforderung	**ja**	**nein**	**da brauche ich noch Hilfe**
Deine Wegbeschreibung wurde im **Präsens** verfasst.			
Es wurde eine gute **Anredeform** gewählt (Du-Form, Sie-Form, Man-Form, Imperativ), die du auch bis zum Ende durchziehst.			
Die Sätze sind **sachlich** formuliert und haben keine Spannungswörter.			
Du verwendest **Präpositionen**, um die Wege genauer zu beschreiben.			

KOHL VERLAG
Die Vorgangsbeschreibung
Unterrichtseinheiten mit fix & fertigen Stundenbildern – Bestell-Nr. 12 656

Übungskarten – Wegbeschreibung zu Karte ★

Du stehst auf dem **Parkplatz** am Wald und möchtest zu deinen Freunden, die sich am **Badesee** befinden.

Beschreibe den Weg.

Du bist am **Naturpfad** und möchtest zu deinen Freunden am **Kletterwald**.

Beschreibe den Weg.

Du stehst vor dem **Forsthaus** und möchtest zu deinen Eltern, die sich am **Pavillon** befinden.

Beschreibe den Weg.

Du stehst auf der **Spielwiese** und möchtest zum **Pavillon**.

Beschreibe den Weg.

Du bist am **Kletterwald** und möchtest zum **Parkplatz** zurück.

Beschreibe den Weg.

Du bist am **Pavillon** und möchtest zu deinen Freunden, die sich **auf dem Weg zum Badesee** befinden.

Beschreibe den Weg.

Du möchtest vom **Naturpfad** zurück zum **Parkplatz**.

Beschreibe den Weg.

Die Vorgangsbeschreibung
Unterrichtseinheiten mit fix & fertigen Stundenbildern – Bestell-Nr. 12 656
KOHL VERLAG

Wegbeschreibung Karte ★

Die Vorgangsbeschreibung
Unterrichtseinheiten mit fix & fertigen Stundenbildern – Bestell-Nr. 12 656
KOHL VERLAG

★

Übungskarten – Wegbeschreibung zu Karte ★★

Du stehst an der Bushaltestelle in der Rathausstraße und möchtest zur Schule.

Beschreibe den Weg.

Du stehst vor Florians Haus und möchtest Oma Berta besuchen.

Beschreibe den Weg.

Du bist bei Oma Berta und möchtest zum Kiosk.

Beschreibe den Weg.

Nach der Schule möchtest du Lea besuchen.

Beschreibe den Weg.

Vom Kiosk möchtest du zur Bushaltestelle in der Rathausstraße.

Beschreibe den Weg.

Nach der Schule sollst du zu Oma Berta gehen.

Beschreibe den Weg.

Du bist in der Kurt-Schmidt-Straße und möchtest zur Schule gehen.

Beschreibe den Weg.

KOHL VERLAG Die Vorgangsbeschreibung Unterrichtseinheiten mit fix & fertigen Stundenbildern – Bestell-Nr. 12 656

Wegbeschreibung Karte ★★

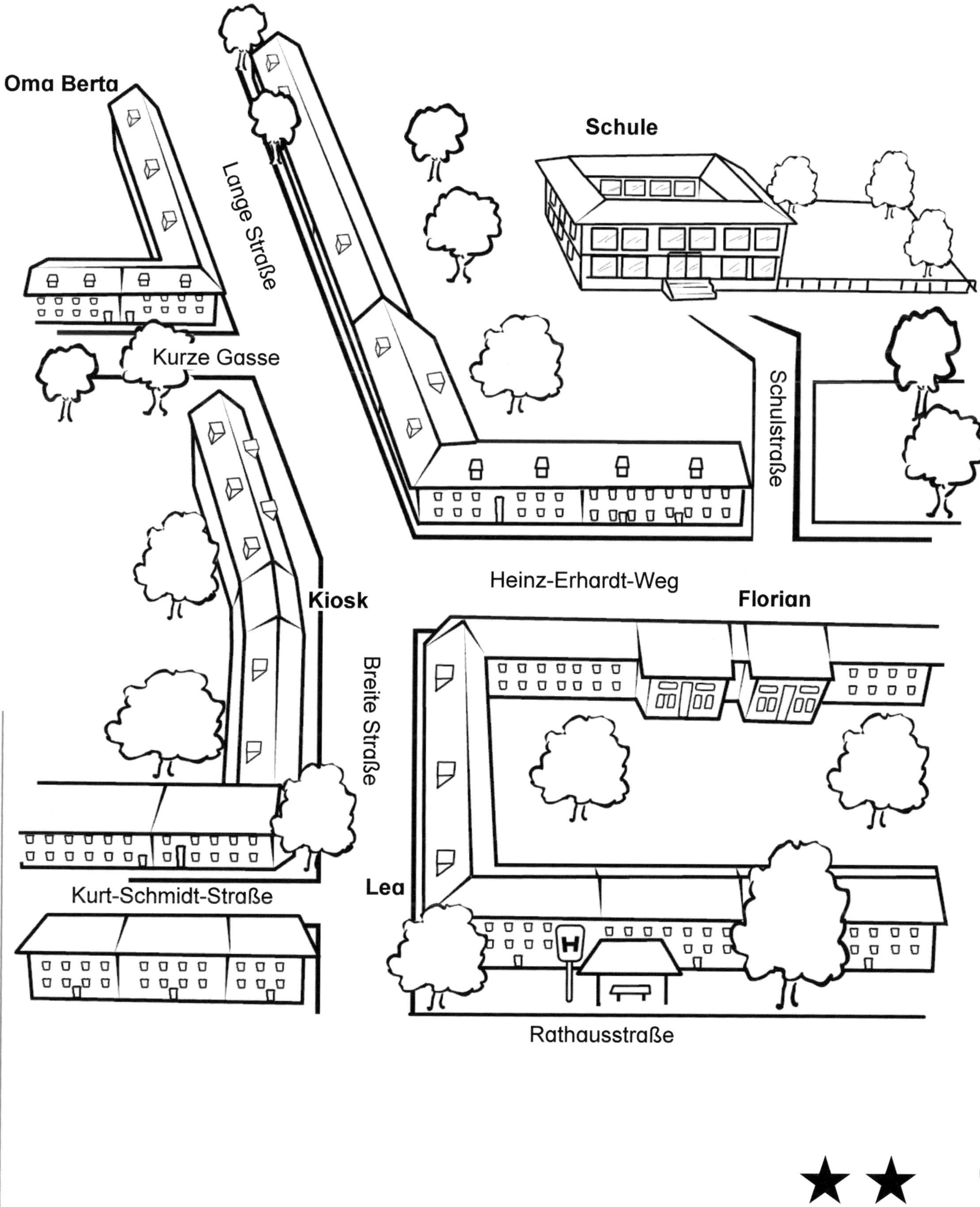

Oma Berta

Lange Straße

Schule

Kurze Gasse

Schulstraße

Heinz-Erhardt-Weg

Kiosk

Florian

Breite Straße

Lea

Kurt-Schmidt-Straße

Rathausstraße

Du bist am Schwimmbad und möchtest Jan besuchen.
Beschreibe den Weg.

Lisa möchte zum Schwimmbad.
Beschreibe den Weg.

Nach der Schule sollst du zu Oma Trude gehen.
Beschreibe den Weg.

Robin möchte sich am Brunnen treffen.
Beschreibe den Weg.

Du bist am Heinrich-Polster-Weg und möchtest zum Rathaus.
Beschreibe den Weg.

Oma Trude möchte die Kirche besuchen.
Beschreibe den Weg.

Nach der Schule möchtet ihr ins Schwimmbad.
Beschreibe den Weg.

KOHL VERLAG Die Vorgangsbeschreibung
Unterrichtseinheiten mit fix & fertigen Stundenbildern – Bestell-Nr. 12 656

Wegbeschreibung Karte ★★★

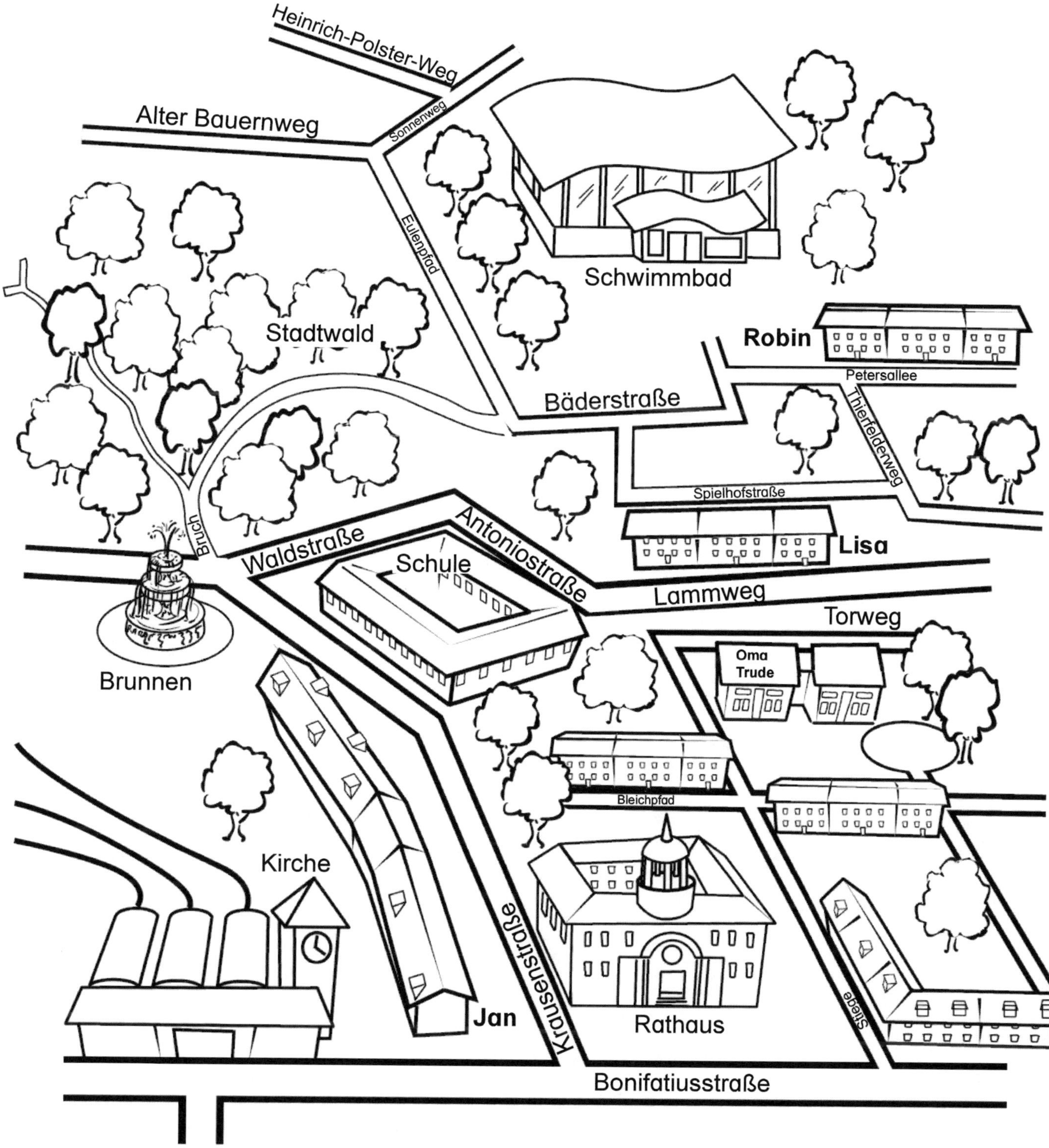

Heinrich-Polster-Weg
Alter Bauernweg
Sonnenweg
Eulenpfad
Schwimmbad
Stadtwald
Robin
Petersallee
Bäderstraße
Thierfelderweg
Spielhofstraße
Bruch
Waldstraße
Antoniostraße
Schule
Lisa
Lammweg
Torweg
Brunnen
Oma Trude
Bleichpfad
Kirche
Krausenstraße
Jan
Rathaus
Stiege
Bonifatiusstraße

Die Vorgangsbeschreibung
Unterrichtseinheiten mit fix & fertigen Stundenbildern – Bestell-Nr. 12 656
KOHL VERLAG

Schreibung von Straßennamen

Den Straßennamen „Hauptstraße“ versteht jeder, doch manche Straßennamen sind nicht so leicht verständlich. Oftmals handelt es sich um komplizierte Eigennamen oder um regionale Bezeichnungen mit besonderer Schreibweise.

Hier eine kurze Übersicht:

Straßennamen, die nach einer Person benannt sind, werden immer getrennt geschrieben. Erscheint der Vorname der Person mit im Straßennamen, so wird dieser durch Trennstrich von dem Nachnamen getrennt.

Beispiele:

Kardinal-von-Galen-Straße
Kurt-Tucholsky-Weg
Dr.-Steinberg-Allee

Straßennamen, die einen Landes- oder Ortsnamen enthalten, der auf -er endet, werden getrennt geschrieben.

Beispiele:

Badener Straße
Frankfurter Allee
Berliner Platz

Straßennamen, die aus zwei Substantiven (hier zählen auch Namen) zusammengesetzt sind, schreibt man zusammen.

Beispiele:

Rathausstraße
Kohlweg
Lindenstraße

Aufgabe 1: *Schreibe die folgenden Straßennamen, sofern sie falsch geschrieben sind, richtig auf.*

Kurt Tucholsky Straße – Linden Straße – Berlinerstraße – Finkenstraße – HelmutKohlStraße – Angela Merkel-Straße – Süd Ring – Dr.AngelaBertrams Straße – Physikerring – Nieder-Sachsen-Allee – Blumenweg – Offenburger-Ring – Karlsruher-Straße – Nachtigallen Gasse – Buirerweg – Kleine-Mandelgasse

Die Vorgangsbeschreibung
Unterrichtseinheiten mit fix & fertigen Stundenbildern – Bestell-Nr. 12 656
KOHL VERLAG

Schreibung von Straßennamen

Aufgabe 2: *Ordne zu und entwickle anhand der einzelnen Kästchen passende Straßennamen.*

Heinrich	Gründgens		
Gustav	Klusemann		
Prof.-Dr.	von-Galen		
Dr.	Ebertz		
Pastor	Heine		
Kardinal	Volkertz	Straße	
Gebrüder	Friedrich	Weg	Pfad
Volker	Klusen	Gasse	Platz
Gustav	Joster	Allee	Bruch

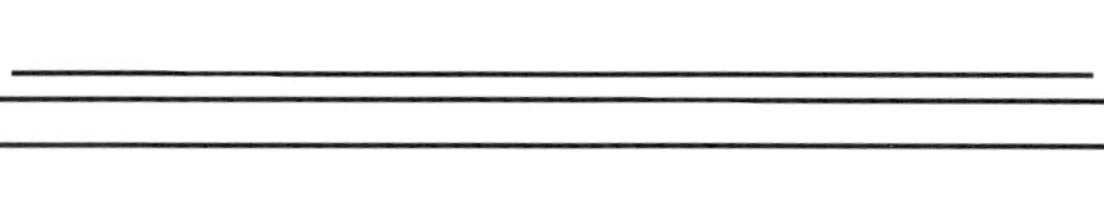

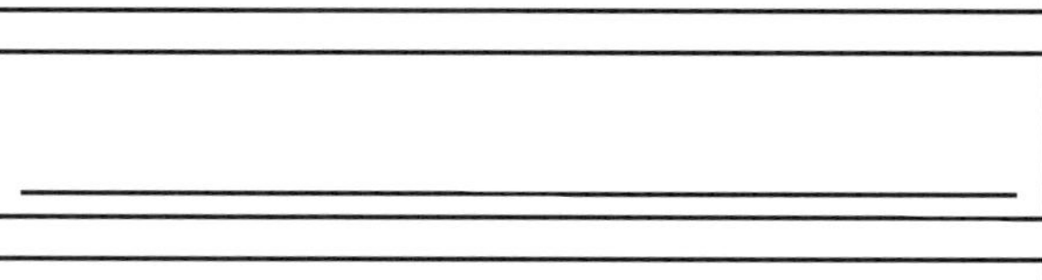

Aufgabe 3: *Frag deine Klassenkameraden der Reihe nach, in welcher Straße sie wohnen. Lass dir die Straßennamen diktieren und schreibe sie auf die Blattrückseite oder in dein Heft/in deinen Ordner. Kannst du sie alle korrekt schreiben?*

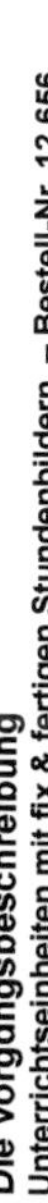

Lösung zu „Schreibung von Straßennamen“

Aufgabe 1: Kurt-Tucholsky-Straße; Lindenstraße; Berliner Straße; Finkenstraße; Helmut-Kohl-Straße; Angela-Merkel-Straße; Südring; Dr.-Angela-Bertrams-Straße; Physikerring; Niedersachsenallee; Blumenweg; Offenburger Ring; Karlsruher Straße; Nachtigallengasse; Buirer Weg; Kleine Mandelgasse

Aufgabe 2: Mögliche Lösungen: Gustav-Gründgens-Gasse; Prof.-Dr.-Volkertz-Weg; Heinrich-Klusen-Pfad; Kardinal-von-Galen-Platz usw.

Aufgabe 3: individuelle Lösungen

KOHL VERLAG Lernen mit Erfolg
Die Vorgangsbeschreibung
Unterrichtseinheiten mit fix & fertigen Stundenbildern • Bestell-Nr. 12 656